AF613788

ISABELLE DE SALISBURY.

Comédie nouvelle, héroïque et lyrique, en trois actes en prose.

Comédie héroïque et lyrique en trois actes

Paroles de M. FABRE D'ÉGLANTINE,
Musique de M. MENGOZZI.

Refusée à l'Académie royale de musique, et représentée au théâtre Montansier le 20 août 1791.

Ce qui fesait son espérance,
par hazard, il l'obtint un jour,
le lendemain, par complaisance,
l'autre lendemain, par amour,
le lendemain, par jouissance.
Ainsi vous faites résistance,
femmes! chacune à votre tour:
las! Honny soit qui mal y pense.
L'auteur

PARIS.

1791.

PERSONNAGES.

EDOUARD III, *Roi d'Angleterre.*

Le LORD, *Comte de* SALISBURY, *père d'Isabelle.*

Le LORD, *Comte de* STRAFFORT, *époux futur d'Isabelle.*

Le LORD Comte d'ALFRED, *favori secret d'Edouard.*

Le LORD, *Baron de* LINDSEI, *capitaine des gardes du roi.*

GODFRED, *page du Comte de Salisbury.*

ISABELLE, *Comtesse de Salisbury.*

ARABELLE, *demoiselle de la comtesse.*

LORDS, *amis du Comte d'Alfred.*

GARDES *du roi, des deux Comtes.*

PAGES *de la maison de Salisbury.*

PAGES *de la maison de Straffort.*

DAMOISEAUX, } *Amis et convives*
DAMOISELLES, } *des deux maisons.*

TROUPE *de danseurs et de danseuses.*

CHŒURS *de musiciens.*

SUITE, VARLETS.

La scène se passe à Londres, vers l'an 1345.

ACTE PREMIER.

[*]

Le théâtre représente un portique du palais du comte de Salisbury, paré pour un jour de fête.

[*] Toutes les décorations de la pièce doivent être dans le goût gothique mais fort léger

SCÈNE I.

EDOUARD, ALFRED, *déguisés sous de grandes capes de soie, à grand collet montant, et couverts néanmoins du chapeau de baron, qui est de velours noir, coëffe haute et quarrée,* × *et un bouquet de plumes fiché contre la coëffe.*

× le cordon de perles

ALFRED.

Nous voici chez le comte de Salisbury, sire, cette galerie conduit aux appartements où la fête se prépare; à côté est celui d'Isabelle, son aimable fille.

EDOUARD.

Qu'elle est belle, duc Alfred! se peut-il que tant de charmes m'aient été inconnus jusqu'à ce jour!

ALFRED.

Les longues haines des maisons d'Yorck et de Lancastre en sont la cause; le comte de Salisbury craignant également d'embrasser l'un et l'autre parti, il s'était retiré dans ses terres, où, libre des chagrins qu'entraînent les intrigues de cour, il charmait sa solitude par sa tendresse pour une fille unique, et par les soins qu'il donnait à son éducation; grâce au ciel, enfin vous régnez; Edouard, conquérant, ramène la paix; les troubles sont calmés, et ce tendre père choisit ce moment pour unir au comte de Straffort, son ami, cette fille chérie. Lorsque votre majesté, seule avec moi, et sans être reconnue, la rencontra hier pendant la chasse, Isabelle venait à Londres pour la première fois de sa vie, y donner sa main au plus heureux seigneur d'Angleterre.

EDOUARD, *vivement.*

Oui, sans doute, il en est le plus heureux, s'il est aimé; mais s'il ne l'est pas, Edouard deviendra son rival. Il faut vous l'avouer, duc, je suis vivement épris de la comtesse de Salisbury; et si elle dédaigne les offres brillantes que je me propose de lui faire, il n'en faut plus douter, Straffort est à la fois l'homme le plus heureux et le plus aimé de mon royaume.

ALFRED.

J'ignore si Straffort a le bonheur de plaire à la comtesse.

EDOUARD, *vivement.*

Fasse le ciel que non, et plaise à l'amour que je sois aimé!

ALFRED.

Un amant sur le trône a toujours l'air de l'être. Sire

EDOUARD.

Non, duc, j'entends trop bien les intérêts de mon cœur, pour ne pas cacher mon nom à la comtesse, en cherchant à lui plaire; je veux que l'amant rassure la délicatesse du monarque, alors le monarque heureux couronnera les succès de l'amant. O combien l'image d'Isabelle occupe mon âme! Non, je ne reviens pas de la surprise où me jette la rencontre de cet objet adorable. Égaré loin de ma suite dans un bois, je ne pensais à rien moins qu'à l'amour; nous cherchions tous les deux une route moins sombre, l'espace lumineux de la campagne perce à travers l'épaisseur des rameaux, je me jette vers cette lumière; je franchis les ronces et les lianes, je sors de la forêt, et je vois...o Dieu qu'elle était belle!

RECITATIF.

Sur un blanc coursier,
Dont la tête, d'un air altier,
Pas à pas se balance,
Sur un blanc coursier,
Orgueilleux de son écuyer,
Avec noblesse Isabelle s'avance.

ARIETTE.

Quel air touchant et gracieux
Tempérait sa fierté superbe!
La violette humble, sous l'herbe,
Ainsi viendrait s'unir au lys majestueux.

Noble Isabelle!
Oui, la nature, sur tes traits
Epuisant ses plus beaux secrets,
A versé d'une main fidèle
Ses dons, ses trésors les plus frais,
Pour nous offrir dans tes attraits
Ses beautés dans un seul modèle.

ALFRED.

Il est vrai; c'est bien ainsi que je l'ai vue; entourée de toute sa suite, et de jeunes beautés de son âge, elle seule était remarquable, elle seule attirait les regards.

SCÈNE II.

EDOUARD, ALFRED, GODFRED, ARABELLE.

Le duo commence dans la coulisse; Edouard et Alfred se retirent vers l'un des hauts côtés du théâtre, d'où ils sont témoins du petit débat de Godfred et d'Arabelle; ce n'est qu'à la fin du duo qu'Arabelle aperçoit et implore ces deux personnages qui s'avancent alors sur la scène.

DUO.

ARABELLE. (se défendant des entreprises de Goffred)

Non, non, Godfred, laisse-moi;
C'est trop fâcher ton amie.
Cesse, cesse, je t'en prie,
Garde le bouquet pour toi.

GODFRED. (un bouquet à la main et voulant embrasser Arabelle)

Le bouquet sera pour toi;
Arabelle, je t'en prie;
Je ne veux, ma douce amie,
Rien qu'un seul baiser pour moi.

ARABELLE.

Non, non, finissez, de grace;
Finissez, je hais l'audace,
Point de baiser pour vous.

GODFRED.

Point de baiser pour nous....!
Hé bien! soit....oui, je m'en passe;
Point de bouquet pour vous.

ARABELLE.

Point de bouquet....je hais l'audace...,

GODFRED.

Point de baiser....je hais l'audace; avec audace
Je veux braver ton courroux (il veut embrasser Arabelle)
Et mériter ma disgrace.

GODFRED.

Le bouquet sera pour toi,
Arabelle, je t'en prie;

Je ne veux, ma douce amie,
Rien qu'un seul baiser pour moi.

ARABELLE.

Non, non, Godfred, laisse-moi;
C'est trop fâcher ton amie;
Cesse, cesse, je t'en prie,
Garde le bouquet pour toi.

ARABELLE, *apercevant Edouard et Alfred, court vers eux avec une espèce de honte de se voir surprise.*

Ah milord! que je suis heureuse de vous rencontrer! Voilà Godfred, l'un des pages du comte de Salisbury, qui veut m'embrasser malgré moi.

EDOUARD.

Malgré vous! Godfred, vous avez tort. Cent baisers ravis ne valent pas un seul baiser donné.

GODFRED.

Oui, milord, mais cent baisers refusés ne valent pas un seul baiser ravi.

EDOUARD, *riant.*

C'est encore vrai.

GODFRED.

Et j'ai raison de vouloir prendre un baiser que l'on me refuse quand il m'est justement dû.

ARABELLE.

Justement?

GODFRED.

Oui, justement; j'en fais juge milord.

ARABELLE.

Non pas, s'il vous plait; c'est à moi de parler.

GODFRED

Pourquoi vous, plutôt que moi?

ALFRED, *gaîment.*

S'il était question d'un récit guerrier, vous auriez sans doute plus d'éloquence; mais, Godfred, il s'agit d'une dispute amoureuse; les femmes s'en acquittent mieux que nous.

VILLANELLE.

ARABELLE.

Une belle comtesse
Demain prend un époux;
C'est ma bonne maîtresse,
Fleur d'amour, de jeunesse,
Puissent-ils être doux,
Ces nœuds de la tendresse!

Refrain. *Je lui voulais offrir*
Un bouquet en hommage,
Que, suivant mon désir,
Ne l'ai-je pu choisir,
Comme une douce image
D'amour et de plaisir!

GODFRED

Et voilà qu'Arabelle

Me dit, d'un air mignard:
Va cueillir l'immortelle,
La rose la plus belle.
Je cours de toute part,
Et les cueille pour elle:
Je lui pensais offrir
Un bouquet en hommage;
Que, suivant mon désir,
Ne l'ai-je pu choisir,
Comme une douce image
D'amour et de plaisir!

ARABELLE.

Je lui voulais offrir
Un bouquet en hommage;
Que, suivant mon désir,
Ne l'ai-je pu choisir,
Comme une douce image
D'amour et de plaisir!

GODFRED.

Je lui pensais offrir
Un bouquet en hommage;
Que, suivant mon désir,
Ne l'ai-je pu choisir,
Comme une douce image
D'amour et de plaisir!

EDOUARD.

Nous voilà instruits; Godfred veut un baiser d'Arabelle pour prix du bouquet qu'il lui donne; jeune homme, il faut être généreux avec tout le monde, mais surtout avec ce qu'on aime. Donnez votre bouquet à votre amie, et baisez la main qui le reçoit.

(Godfred donne le bouquet, Arabelle le prend sans regarder Godfred, et lui présente sa main, en baissant les yeux; il baise la main d'Arabelle.)

On peut conquérir par l'audace le simulacre de l'amour, mais avec le respect, on obtient l'amour lui-même. Allons, vous voilà d'accord, laissons cela: dites-moi, charmante Arabelle, votre maîtresse se marie donc demain? Ce doit être un beau jour pour elle!

GODFRED, *avec empressement.*

Oui, milord.

ARABELLE

Mais, Godfred, quelle fureur avez-vous de parler?

GODFRED.

Je dis la vérité à milord.

ARABELLE *malignement.*

Hé! mon cher ami, commencez par bien lire dans mon cœur, puis vous interpréterez celui de la comtesse.

EDOUARD.

Comment, aimable miss, vous me donneriez à penser que votre maîtresse n'épouse Straffort qu'avec répugnance.

ARABELLE.

Avec répugnance?... non, mais n'est-il pas un milieu entre l'amour et la haine?

EDOUARD.

Serait-ce avec indifférence?

ARABELLE.

Je ne dirais pas bien au juste, mais il me semble que c'est à peu près cela.

EDOUARD, *avec transport.*

Serait-il possible? est-il bien vrai?

ARABELLE.

Hé, bon Dieu! comme vous vous y intéressez! Est-ce que vous connaissez ma maîtresse?

EDOUARD.

Belle miss, je ne l'ai vue qu'une seule fois, et cela me suffit pour m'intéresser au sort d'une personne aussi aimable que me paraît être la comtesse de Salisbury.

ARABELLE.

Oh! oui, vous avez bien raison; rien n'est plus aimable qu'elle. Tous ceux qui la connaissent disent que son esprit est juste, pénétrant, égal, délicat et fin. Je ne m'y connais pas, mais je peux bien assurer que la bonté, la candeur, la simplicité, tous les sentimens nobles et généreux, et surtout une douce sensibilité, sont les vertus de son ame.

ÉDOUARD.

Vous me ravissez, charmante miss, et tant d'attachement pour votre maîtresse fait votre éloge; mais puisque son cœur vous a laissé voir tant, il est étonnant que Straffort ne soit pas aimé.

ARABELLE.

Ah! qu'il faut de vertus pour plaire au cœur qui les possède toutes.

EDOUARD.

Quoi! miss, est-il bien possible? la comtesse n'a jamais aimé?

ARABELLE.

Non, rien de ce qui trouble le cœur, mais tout ce qui concerne l'innocence.

conserve

EDOUARD.

Quel charmant éloge!

ARABELLE.

Hier pour la première fois, elle vint à la ville. A la campagne où elle n'a jamais connu l'ennui, son père et les malheureux occupaient son ame, les arts occupaient son esprit, quelques danses champêtres, la culture des fleurs, les charmes de la musique, voilà ses délassemens.

ROMANCE.

Sous trois ormeaux antiques,
Au portail du château,

Sous ces granges rustiques,
Vers le bas du côteau,
Elle honorait la danse
De sa noble présence,
De son joli regard:
Quand elle y prenait part.
La champêtre innocence
Dans cet heureux hasard
Trouvait sa récompense.

Quand l'hirondelle agile,
Chantant le renouveau,
Reprenait son asile
Sous les toits du château,
Lilas et blanche épine,
La rose purpurine,
Amusaient son loisir.
Voilà le vrai plaisir;
Sur l'onde cristalline
Ainsi le doux zéphir
Sans la troubler badine.

Plus belle et plus brillante,
Elle chantait par fois,
La harpe frémissante
S'unissait à sa voix.
Les pleurs à la paupière,
Dans l'assemblée entière

Chacun était surpris
De ses talents chéris;
Puis cette fille chère
Allait cueillir le prix
Dans les bras de son père.

EDOUARD.

Heureux père! qu'il doit aimer une fille aussi parfaite! Pourquoi donc n'a-t-il pas mieux consulté son cœur pour lui choisir un époux?

ARABELLE.

Il est intime ami du comte de Strafford, il lui doit de la reconnaissance, et ce mariage est depuis longtemps résolu dans sa tête. Le comte de Salisbury est bon père, mais il est ferme, sévère, inexorable; la moindre résistance de sa fille serait un crime.. ma maîtresse Isabelle est si douce! obéissante! qu'elle n'a pas seulement imaginé qu'il lui fût possible de murmurer. Elle n'aime point, elle ne hait point, en se sacrifiant seule, autour d'elle tout est heureux, elle obéit, le bonheur l'attend sans doute,; soyez sûr qu'il est des femmes dont l'époux le moins aimable ne saurait détruire le bonheur. La félicité d'une épouse est plus dans les devoirs que dans les plaisirs.

EDOUARD, *avec sentiment.*

Isabelle a choisi dans vous une compagne bien estimable.

ARABELLE.

Mais je vous quitte ; le plaisir de parler de la comtesse m'a peut-être rendue indiscrète. Voici le moment où le bal va commencer.

EDOUARD.

Le bal ?

GODFRED.

Oui, milord, le bal paré et masqué.

ARABELLE.

J'y cours trouver cette bonne maîtresse.

REFRAIN.

Et je lui vais offrir
Un bouquet en hommage ;
Que, suivant mon désir,
Ne l'ai-je pu choisir
Comme une douce image
D'amour et de plaisir.

(Arabelle sort avec Godfred.)

SCENE III.

EDOUARD, ALFRED.

EDOUARD, *avec transport.*

Après un tel récit, jugez, duc, si ma passion pour la comtesse doit être vive! Je veux absolument lui parler ; la circonstance du bal m'est favorable ; allons prendre un autre déguisement ; invitez quelques uns de vos amis à nous suivre ; cachez leur ma présence, on ne me soupçonnera pas même par votre nom, s'il venait à être découvert. Vous étiez peu connu de moi, duc Alfred, la chasse d'hier était réservée à me lier non seulement d'amour, mais d'amitié. Je reconnais maintenant la justesse de cette vérité qui dit que le propre du mérite est de rester longtemps caché pour mieux éclater ensuite. Soyez donc mon ami, duc, allons et revenons, s'il est possible, opposer quelque obstacle à un mariage qui ferait le malheur d'Isabelle, et causerait mon désespoir.

(Ils sortent, et la marche qui ouvre la scène suivante se fait entendre.)

SCÈNE IV.

Le comte de SALISBURY, ISABELLE,(*) *le comte de* STRAFFORT, ARABELLE, *demoiselles de la comtesse, pages, suite, damoiseaux et damoiselles.*

(*) Isabelle est vêtue de blanc et porte de gauche à droite une écharpe de soye de couleur bleu de Roi, frangée brodée et passementée d'or.

La scène change, et représente une salle de bal magnifiquement ornée; au bruit d'une marche agréable, toute l'assemblée du palais de Salisbury vient occuper le contour de la salle. Les pages, valets, suivants, demoiselles et suivantes vers le fond; les damoiseaux, les damoiselles sur les ailes, le comte de Straffort suivi de ses amis et de six pages, se placent sur la droite de l'avant-scène. Le comte de Salisbury et Isabelle, leur suite et six de leurs pages occupent la gauche. Les deux comtes et Isabelle ne se placent sur les deux côtés, que lorsque le ballet commence. Isabelle est vêtue de blanc, et porte de gauche à droite une écharpe de soie de couleur bleue de roi, frangée, brodée et passementée en or.

SALISBURY.

Straffort, mon ami, ce jour, le plus beau de ma vie, était attendu depuis longtemps. Je m'acquitte de ma promesse; je paie avec joie votre généreux attachement. Qu'il est satisfaisant pour un père de trouver le bonheur de sa fille dans les engagements de l'amitié!

STRAFFORT.

Comte de Salisbury, si le bonheur d'Isabelle ne dépend que de moi, jamais l'amitié de son père n'aura éprouvé une jouissance plus durable; mais la mélancholie de votre fille m'attriste. Adorable Isabelle! les nœuds que forme un père si cher à votre cœur ne sont-ils pas pour vous le présage d'une félicité nouvelle!

SALISBURY.

Hé! mon ami, croyez-vous qu'un changement d'état ne donne pas à penser? La fille douce, sage, modeste, aimante, dont l'esprit éclairé est aussi pur que le cœur, ne voit pas les apprêts de son mariage sans quelques timides alarmes. La modestie est sur sa bouche, mais la joie est dans son ame, elle y demeure cachée, et ne se montre que quand l'époux ne doute plus de son bonheur Allons, allons, égayons un peu la fête. Commencez le bal, mes enfants; ma fille, voici des danses pas tout à fait aussi champêtres que celles que tu aimais tant, mais il faut t'habituer à des coûtumes moins simples, conserver toujours la simplicité des mœurs.

S'il conserve dans tes Ballet.

SCÈNE V.

Les précédents, GODFRED.

GODFRED, *s'adressant au comte de Salisbury.*

Milord, voici des masques qui descendent de voiture à votre porte.

SALISBURY.

Des masques? ils sont les bien venus. Qu'ils entrent. Sont-ils agréables, du moins?....

GODFRED, *gaiement.*

Oh! tout à fait bien!

SALISBURY.

Tant mieux; il ne faut jamais, dans une fête, allier la laideur à la beauté. Ma fille, tu n'as pas besoin de contrastes.

SCÈNE VI.

Les précédents, EDOUARD, ALFRED, *Lords déguisés.*

Le déguisement uniforme de ces personnages est le costume des troubadours, qui dans ce temps allaient d'une cour à l'autre chanter leurs poësies. Leur vêtement sera donc un habit long, appelé cotte de soie aurore, lequel habit est ouvert par devant, et se retroussait quelquefois par une des pointes à une ceinture plate, bouclée d'un fermail de vermeil ou d'autre matière; le chapeau est de soie verte et orné de plumes; ils auront ou des demi masques, ou des barbes postiches. quelques uns de ces personnages figureront les ménestriers de la troupe et auront des violons dont ils joueront, ou auront l'air de jouer.

Ritournelle en marche, les troubadours entrent.

SALISBURY

Ah! ah! ce sont des troubadours, et très galants!

(Le roi, qui se fait remarquer, marche le dernier avec le duc d'Alfred; les troubadours vont se ranger du côté opposé à la comtesse, après avoir fait le tour du théâtre.) Le chœur se chante en marchant.

~~RITOURNELLE en marche.~~

CHŒUR des troubadours.

Chastes nymphes du Permesse!
Filles du Pinde! nos amours!
Pour célébrer la Beauté, la Sagesse,
Inspirez vos troubadours!

HYMNE PARANYMPHE. (*)

CORIPHÉE.

Beaux climats de l'Occitanie!
Champs aimés du Dieu du jour!

(*) L'hymne paranymphe est une sorte de poésie que les troubadours, à l'imitation des Grecs, allaient chanter dans les noces à l'épousée pour lui faire honneur. J'ai cru qu'en introduisant sur la scène des troubadours il fallait en retracer les coutumes les plus caractéristiques. Ces pères de notre poésie terminaient leurs visites nuptiales par un beau souhait en faveur de la mariée; c'est aussi ce que j'ai retracé.

De la Beauté douce patrie!
Fertile source du Génie!
Brillant empire de l'amour!
Loin de vous il est sur la terre
Un trésor que vous n'avez pas.
Isabelle est en Angleterre;
Ce trésor manque à vos appas.

Les TROUBADOURS *reprennent en chœur.*

Beaux climats, etc.

SOUHAIT.

EDOUARD.

ARIETTE.

Ah! qu'à jamais la Destinée
Répande ses faveurs sur toi!
Puisses-tu n'engager ta foi
Que pour être plus fortunée!
Que les Dieux.... et que moi!
Objet touchant! ô divine Isabelle!
Quand de l'Hymen la puissance éternelle
Vient te serrer de ses nœuds,
Songe du moins, timide colombelle,
Qu'il faut aimer pour être heureux.

Ah! qu'à jamais, etc.

SALISBURY, *à Strafford.*

Strafford, la galanterie est délicate; je vous comprends et vous approuve. (*à Edouard.*) Beau troubadour, on ne peut s'exprimer avec plus de grâce et de sentiment. Non moins qu'Isabelle, je crois que vous manquez aux climats dont vous avez emprunté le costume. Je vous rends mille grâces pour ma fille et pour moi.

EDOUARD.

Comte de Salisbury, si l'expression de mes plus sincères vœux a pu plaire à la charmante Isabelle, si elle a daigné m'écouter avec quelque intérêt, si j'ai mérité sa bienveillance et la vôtre, père, fille, sensibles, il vous est aisé de récompenser un troubadour.

SALISBURY, *avec joie.*

Très volontiers, et de quelle manière?

EDOUARD.

En me permettant de danser avec votre adorable fille.

STRAFFORT, *à part.*

Quelle indiscrète témérité!

SALISBURY, *d'un air gai.*

J'y consens de bon cœur si cela fait plaisir à ma fille. Hé! mon Isabelle?....

bien

(Elle se lève avec une modeste lenteur, s'incline en signe d'approbation, donne sa main à son père qui la transmet à Edouard en disant:)

Honneur au galant troubadour.

EDOUARD, *tout bas à Alfred, en passant près de lui.*

Il faut tenter tous les moyens de lui parler.

(Edouard conduisant Isabelle remonte le théâtre. Il considère Straffort qui ne le perd point de vue; il doit exprimer son embarras pour l'entretien qu'il médite.)

désir et son, Edouard porte son arme cachée sous une des pointes de sa cote. — gracieux.

MENUET.

Après quelques tours de menuet, l'écharpe de la comtesse de Salisbury se dénoue, glisse et tombe comme elle tourne sur l'avant-scène pour remonter le théâtre. Edouard saisit cette écharpe avec transport, et se la passe en baudrier; à cette action, Straffort et Salisbury jettent un cri d'indignation, la comtesse qui, en se retournant du fond de la scène, s'aperçoit du sujet, duquel elle exprime sa surprise, sa douleur, sa crainte, son embarras, et vient se jeter désolée sur le fauteuil qu'elle occupait.

Prudemment elle plonge sa tête dans ses mains; sa figure seule et ses gestes doivent parler pendant toute la fin de l'acte.

J'ai eu mes raisons de lui faire garder un silence absolu pendant toute sa première apparition, et si, comme je l'ai compté, l'actrice seconde mon intention, l'effet justifiera les raisons du silence

Toute l'assemblée est surprise; chacun a l'air de parler à ses voisins sur cette aventure.

Ce coup de théâtre qui change tout à coup la scène, ne doit faire qu'un temps.

STRAFFORT, SALISBURY, *ensemble, avec un*

vif transport d'indignation, lorsque Edouard saisit et se passe l'écharpe.

FINALE. (*)

STRAFFORT.
Quelle audace!

SALISBURY.
Quel transport!

SALISBURY.
Malheureux! de ta hardiesse....

STRAFFORT.
Bientôt le prix sera ta mort.

EDOUARD.
Calmez le trouble qui vous presse....
Isabelle....à mon ivresse,
Pardonnez, pardonnez un indiscret transport.

STRAFFORT.
Quelle audace....!

SALISBURY.
Quelle hardiesse....!

Non, non, ma fureur vengeresse
Se calmera par ta mort.

STRAFFORT.
Rends-moi, rends-moi cette écharpe funeste,
Rends-la, perfide, ou péris à l'instant.

STRAFFORT et SALISBURY.
Rends-moi, rends-moi cette écharpe funeste,
Rends-la, perfide, ou péris à l'instant.

(*) Ce mot nouveau dérivé de l'italien est synonyme à Dernière Scène Lyrique. Je l'adopte volontiers parce qu'il n'y a pas à balancer lorsqu'on peut exprimer trois mots avec un seul. Mais, n'en déplaise à nos gens du bel air, ce mot est féminin, car finale est le féminin de final. Or donc on dit une finale je sous-entends scène autrement il faudrait dire final c'est-à-dire morceau final. Je sens bien que lorsque le demi-savant, qui sait tout, dit « je viens d'entendre un finale » cette conjonction choquante d'un masculin avec un féminin fait les auditeurs du savant médiocre à des questions qui lui fournissent les moyens de briller. Mais il n'en résulte pas moins que l'on doit dire une finale.

EDOUARD.

La rendre..! moi...? Quoi! ce signe éclatant
De la faveur céleste,
De la fortune qui m'attend!
Qui? moi! je la rendrais...! Par mon cœur, que j'atteste,
En fallût-il mourir cent fois,
Jamais, jamais votre vengeance
Ne l'ôtera de ma puissance;
La fortune et mon cœur ont établi mes droits.

STRAFFORT. — ×

× (portant la main sur la garde de son épée)

C'en est trop, meurs, perfide!

EDOUARD. ×

× (portant la main au long poignard qu'il découvre sous sa cote)

Viens, Straffort, je t'attends.

STRAFFORT.

Amis, amis, il en est temps;
Armez-vous!

ALFRED.

D'une ame intrépide,
Compagnons, secondez l'ami que je défends.

ALFRED.	STRAFFORT et SALISBURY.
Secondez bien l'ami que je défends.	*Secondez-nous, amis il en est temps.*
TROUBADOURS.	PAGES etc.
Nous défendons l'ami que tu défends	*Secondons-les, amis, il en est temps.*

ÉDOUARD.

Arrêtez, chers amis, et toi, Straffort écoute,
Pour me ravir ce précieux trésor
Il n'est plus qu'une seule route,
C'est mon cœur, qui ne redoute
Ni la colère ni la mort.
Demain, avant le jour, je te verrai, sans doute
Dans la forêt de Windsor.

STRAFFORT.

Et quel es-tu? Parle et te nomme.
Daignerai-je me venger?

x (Se démasque avec promptitude)

ALFRED. x

Je réponds pour ce gentilhomme,
Alfred partage le danger.

(x) avec surprise et l'un à l'autre à demi-voix

STRAFFORT et SALISBURY. (x)

Il répond pour ce gentilhomme,
Alfred partage le danger;
Eh! qu'importe comme il se nomme!
Alfred suffit pour en juger.

PAGES, VARLETS, etc.

Il répond pour ce gentilhomme,
Alfred partage le danger;
Eh! qu'importe comme il se nomme!
Alfred suffit pour en juger.

ALFRED et les troubadours.

Je réponds pour ce gentilhomme,
Nous partageons tous le danger;

Eh! qu'importe comme il se nomme!
Alfred suffit pour en juger.

SALISBURY.

Quel effrayant mystère!
Et que penser d'un tel appui?
Isabelle, réponds à ton père,
Malheureuse! quel est ce complot inoui?

EDOUARD.

N'affligez point une fille si chère;
Elle ignore qui je suis.

STRAFFORT et SALISBURY.

Il répond pour ce gentilhomme.

ALFRED et les troubadours.

Je réponds pour ce gentilhomme.

PAGES, VARLETS, etc.

Il répond pour ce gentilhomme.

STRAFFORT.

Allons, j'accepte la vengeance:
Téméraire, demain, demain nous nous verrons.

EDOUARD, ALFRED et troubadours.

Allons, j'accepte la vengeance:
Téméraire, demain, demain nous nous verrons.

STRAFFORT et SALISBURY.

Allons, j'accepte la vengeance:

Téméraire, demain, demain nous nous verrons.

SALISBURY.

Mon ami, sur tant d'affronts,
On a fondé peut-être une fausse espérance;
[à Strafford d'une manière fortement positive] Ou vainqueur, ou vaincu,
Non, mon ami ne sera point déçu.
L'objet que je vous donne,
S'il n'est à vous, ne sera pour personne.
J'en atteste mon cœur, ma fille et sa vertu.
[aux varlets et à sa suite] Que dans la tour on conduise Isabelle.
Voyons si de son père on percera le cœur.

[hors de lui] EDOUARD.

Barbares, votre fureur
S'assouvit déjà sur elle;
Mais j'en arrêterai le cours.
Tremble, Strafford! et toi, son père tremble!
Vous me répondrez ensemble,
Et de sa main et de ses jours.

EDOUARD.

Sur tant d'affronts
Vous fondez trop votre espérance;
Allons, Strafford j'accepte la vengeance:
Téméraire, demain, demain nous nous verrons.

ALFRED et troubadours.

Sur tant d'affronts

Vous fondez trop votre espérance;
Straffort accepte la vengeance;
Téméraire, demain, demain nous nous verrons.

STRAFFORT et SALISBURY.

Sur tant d'affronts
Vous fondez trop votre espérance;
Straffort accepte la vengeance;
Téméraire, demain, demain nous nous verrons.

PAGES, etc.

Sur tant d'affronts
Vous fondez trop votre espérance;
Straffort accepte la vengeance;
Téméraire, demain, demain nous nous verrons.

(Edouard, Alfred et les troubadours sortent d'un côté, Salisbury et Straffort sortent par le fond avec les damoiseaux, damoiselles, pages, etc. : la comtesse sort par le côté opposé à Edouard, suivie d'Arabelle et accompagnée avec respect par les valets et autres gens de la suite de Salisbury.)

Fin du premier acte.

ACTE SECOND.

Le théâtre représente une salle du palais du duc d'Alfred; aux deux côtés de l'avant-scène sont deux tables d'un goût pareil à celui de l'ameublement, et aux côtés intérieurs de chaque table est un fauteuil également assorti, de manière qu'il ne paraisse pas que ces meubles ont été placés exprès pour servir à quelque mouvement de scène.

SCENE I.

EDOUARD.

(Il est encore vêtu de l'habit de troubadour, mais en désordre et la tête nue. Il s'assied et se relève de temps en temps suivant les situations.)

Je meurs d'impatience!...Oui, j'ai eu raison de ne pas choisir mon palais pour servir d'asile à la comtesse. Ici, chez Alfred, elle sera également en sûreté; mais surtout elle n'y pourra soupçonner que j'y suis; c'est le besoin qui doit m'occuper le plus! Isabelle, Isabelle, que tu m'es chère! Tout me plait en toi, tout m'attache à toi. O fortune qui as secondé mes armes! tu m'as fait triompher de mes ennemis, je n'ai jamais mieux senti le prix de tes faveurs qu'au moment où je puis offrir une couronne à la vertu; mais, hélas! une seule crainte semble détruire tout l'espoir dont je me suis déjà flatté! Serai-je aimé pour moi-même? O bonheur trop inconnu dans le suprême rang! le monarque qui jouit de toi, trouve enfin un terme à son ambition.

— Ariette.
Que la vertu, l'esprit, et la beauté,
unis, dans un objet, à la douce bonté!
par la nature et par les grâces;
que la vertu, l'esprit et la beauté,
sont justement à leur places
sous le dais de la Royauté! !
Sujets heureux de cette Reine!
que votre sort me semble doux!
qu'elle est bien [illegible] pour vous,
ce qu'au printemps est dans la plaine
de Zéphire la douce haleine,
alors qu'au soleil, son époux,
la terre ouvre son sein, sa langueur
et sa peine!]
Que la vertu, l'esprit et la beauté,
&c. a. 4

SCÈNE II.

EDOUARD, ALFRED.

EDOUARD.

Alfred! vous voilà; hé bien, avez-vous réussi?

ALFRED.

Oui, sire, vous êtes servi selon vos vœux. J'ai gagné le concierge de la tour où la comtesse était renfermée; l'or, les promesses brillantes, l'assurance d'une protection supérieure à tous les inconvénients, l'ont décidé à la laisser sortir. Que de moyens, que de ruses, que de prétextes il m'a fallu employer pour persuader à cette adorable femme de quitter sa prison. Enfin, sire, elle est ici avec sa suivante Arabelle.

EDOUARD.

Elle ici? Ah! duc, que ne vous dois-je pas? Je vais donc la voir! lui parler! je parviendrai peut-être à lui plaire, mon ami. Cachons-lui surtout mon rang plus que jamais. Ah! je ne veux que de l'amour. Loin de moi ces trames criminelles d'un amant abject qui ne balance point à déshonorer son cœur et la personne aimée pourvu qu'il parvienne à la posséder. Non, charmante Isabelle, ne craignez rien d'un amant délicat. Tout ce que les hommes imaginent de plus brillant sera le prix de votre tendresse pour Edouard. S'il ne parvient pas à vous plaire, retournez dans les bras paternels aussi pure que le jour.

ALFRED.

J'ai donné vos ordres, sire, pour que l'on préparât tous les moyens de distraire la comtesse de Salisbury de l'ennui qui va l'assiéger dans cette solitude momentanée.

EDOUARD.

Oui, duc, faites-y vos efforts; que son ame ne soit point troublée, lorsque pour elle j'exposerai ma vie.

ALFRED.

Quoi, sire! vous avez résolu d'aller à Windsor?

EDOUARD.

Oui, duc; l'amour et l'honneur me l'ordonnent.

ALFRED.

Un roi! se mesurer avec son sujet!

EDOUARD.

Je cherche à lui ravir ce que l'univers a de plus précieux; pourquoi, jaloux de sa félicité, mon rang serait-il au dessus de son honneur?

ALFRED.

Non, sire, je ne serai plus lorsque Straffort

ôsera s'attaquer à vous. On approche.

EDOUARD.

C'est Isabelle. Retirons-nous; je ne veux la voir que lorsqu'elle sera seule. Ménageons sa délicatesse, et respectons sa douleur.

(Edouard et Alfred sortent.)

SCÈNE III.

ISABELLE, ARABELLE, *Pages, Suivants de la maison d'Alfred.*

ARABELLE.

Où nous conduisez-vous? Où sommes-nous?

(Les pages et suivants se retirent avec respect.)

ISABELLE, *après avoir promené ses regards autour d'elle, fixe douloureusement Arabelle, et se jette dans ses bras avec une expression vive et déchirante.*

O ma chère Arabelle, mon cœur est navré de tristesse. ..Hélas!.. depuis un seul jour, j'ai quitté l'asile de la paix; et voilà que les malheurs fondent sans mesure sur ta pauvre maîtresse.

PLAINTE. (*)

CANTABILE.

A la dernière aurore,
Mes yeux, hélas! à l'œil du jour,
Réjouis par son retour,
Avec plaisir s'ouvraient encore.

★

(*) J'ai rendu aux différents poèmes lyriques les noms qu'ils avaient anciennement tant chez les Grecs et les Latins, que parmi nous ; ces noms assignaient un caractère à chaque poème, et chacun de ces caractères avait un mode propre à son expression. Aujourd'hui on confond tout sous le nom d'ariette, sans s'apercevoir que ce terme signifie Petit air, sur une pensée détachée du sujet, c'est-à-dire que cette pensée, quoique liée à l'ensemble par la contexture de l'action, ne renferme ou qu'un sentiment accessoire, ou qu'une description poétique ou qu'une idée didactique, mais n'est point expression du sentiment qui sert au développement de l'action.

Mon bonheur s'est écoulé
Comme un ruisseau dans la prairie.
Plaisirs passés, dignes d'envie,
Votre charme s'est envolé;
Et dans mon cœur troublé
Je sens le dégoût de la vie.

★

De vos foyers et de vos bras,
Pourquoi m'éloigner? ô mon père!...
J'étais heureuse, et je ne le suis pas....
Est-ce là cet hymen prospère....?

★

Mon bonheur s'est écoulé, etc.

★

ARABELLE.

O ma bonne maîtresse! calmez votre douleur. Espérons qu'un événement heureux la terminera.

ISABELLE.

Veuille le ciel, chère amie, confirmer ton espérance! mais où sommes-nous? on me faisait espérer que bientôt je reverrais mon père. N'a-t-on pas découvert quel est cet audacieux in-
3 connu, dont la témérité me cause tant de peine?

ARABELLE.

J'ignore son nom, madame, et je crois que votre père l'ignore aussi. Je ne puis cependant en vouloir au hardi troubadour; il a du moins éloigné le mariage dont j'ose dire que votre cœur gémissait.

ISABELLE.

Ah! laissons cela. Laissons cet hymen et ses sinistres apprêts.

ARABELLE.

Oserai-je vous découvrir une circonstance relative à l'inconnu, qui me revient dans l'esprit et qui me frappe maintenant.

ISABELLE, *avec attention.*

Quoi?

ARABELLE.

Avant le bal, deux lords (car ils portaient tous deux le chapeau de baron), deux lords, dis-je, madame, dont l'un desquels est celui qui s'est fait connaître, m'ont rencontrée dans le vestibule, et m'ont beaucoup parlé de vous.

ISABELLE, *avec une surprise mêlée de plaisir, mais dont l'expression est involontaire.*

De moi?

ARABELLE.

Oui, madame, de vous, surtout l'inconnu.

ISABELLE, *avec une curiosité qu'elle veut retenir.*

Et que te disait-il?

ARABELLE.

Oh, des choses.... des choses charmantes! Il les disait avec tant de feu!...

ISABELLE, *de même.*

Le.... connais-tu?

ARABELLE, *avec une ingénuité qui tient de la finesse.*

Non, madame, mais je le reconnaîtrais bien.

ISABELLE, *avec plus d'attention et de plaisir involontaire.*

Et quelles sont les choses qu'il te disait?

ARABELLE, *mystérieusement.*

Attendez, madame, il ne faut pas ici se trop hasarder; je vais à la découverte, et voir à l'air de ce palais, où je ne me reconnais point, si je peux vous parler, même tout bas, sans risque d'être écoutée.

(Elle sort du côté opposé à celui par où doit entrer Edouard.)

SCÈNE IV.

ISABELLE.

(Dans une profonde réflexion, en sort tout à coup, après quelques secondes, par un geste de surprise sur elle-même, et dit avec douleur et abattement.)

O malheureuse Isabelle! à quoi vas-tu penser?

X [Elle va se jeter dans le fauteuil qui est sur le côté opposé à l'entrée d'Edouard; à peine y est-elle assise que tournant ses regards autour d'elle elle apperçoit Edouard, dont l'aspect la contient immobile dans la situation où elle s'est trouvée en le voyant. Sa surprise est extrême, l'affection de son âme est le trouble, celle de son esprit la curiosité.]

SCÈNE V.

EDOUARD, ISABELLE.

(Edouard est superbement vêtu: son pour-

point, son haut-de-chausses à larges canons retroussés sur le milieu de la cuisse, ses bas de soie de couleur blanche, d'une broderie d'or; le manteau rond et à collet montant est de même étoffe, de même couleur, et bordé en dehors et en dedans d'une large broderie d'or le chapeau de baron sur le pourpoint; il porte l'écharpe de la comtesse en baudrier de gauche à droite; un large point découpé par angles est rabattu sur le collet du manteau; manchettes de même, rabattues sur le - en arrière *poignet.)*

EDOUARD, *très respectueusement du milieu de la scène; tête nue.*

Avant que je me fasse connaître, madame, vous voyez sans doute déjà qui je suis. Cette écharpe qui m'est si précieuse, mais qui dépose contre moi, cette preuve de ma hardiesse va m'exposer à toute votre colère.

ISABELLE, *interdite et tremblante.*

Je ne sais ... comment.... je dois vous nommer, mais, monsieur, que vous me causez de cruels chagrins!

EDOUARD.

Ah! je le crois, je le sais. Soyez plus généreuse que moi, ne me les reprochez pas, vous me donneriez la mort.

ISABELLE, *avec une émotion touchante.*

Hé! monsieur, que vous ai-je fait pour causer

la mienne?

EDOUARD.

Pardon! mille fois pardon, adorable Isabelle; que vous dirai-je? quelle excuse alléguer avec des torts aussi grands? Je n'en ai qu'une, et je ne peux prendre sur moi de vous la taire. Je vous aime, Isabelle, je vous aime avec toute la violence, avec tout le sentiment dont un cœur puisse être capable. Je me nomme le chevalier Edmond; ma naissance est digne de vous, ma fortune surpasse la vôtre, le Roi m'honore d'une bienveillance particulière; je ne vous ai vue que lorsqu'il n'était presque plus temps d'aspirer à votre main; vous voir, vous adorer, reconnaître en vous le seul objet que je puisse aimer désormais, qui puisse faire ma félicité, et apprendre que je vous perdais, toutes ces sensations réunies m'ont frappé dans le même jour, dans le même instant. L'espérance, qui n'abandonne jamais un cœur bien épris, m'a attiré vers la fête même où s'opérait mon malheur; le hasard, ma passion inexprimable, mon ivresse, votre présence, mon dépit, le désespoir ont fait le reste.

ISABELLE, *avec douceur et sentiment.*

Vous m'aimez... et vous n'avez pas réfléchi à quels tourmens vous exposez ma vie!

EDOUARD, *avec chaleur.*

la plus grande »

Ah! dites plutôt à quelle suite d'infortunes j'arrache Isabelle; non, ce n'est point une présomption audacieuse qui m'a séduit; non, l'espoir de vous plaire ne m'a point entraîné; mon cœur m'est témoin combien je me flatte d'une félicité supérieure à toutes celles que peut désirer l'ame noble et sensible qui ne vous connait pas; mais j'ai voulu empêcher un hymen que votre cœur n'a point avoué.

ISABELLE, *avec surprise.*

Que dites-vous?

EDOUARD, *avec force.*

Pardonnez à ma témérité. Non, madame, vous n'aimez point Straffort, je le sais, je n'en doute point; la seule certitude qui console mon cœur; c'est peu, mademoiselle. Les terribles menaces de votre père, sa ferme résolution de vous unir au seul comte de Straffort, ou de dérober à tout autre hymen ce que l'Angleterre a de plus parfait, m'ont fait employer mes soins, ma fortune, mon crédit, à vous arracher à la captivité dans laquelle vous étiez indignement retenue. Vous êtes dans un lieu sûr, à l'abri de tout danger, de toute menace, de tout avenir funeste. Enfin, j'ose espérer que le Roi lui-même répondra désormais de votre absolue liberté.

ISABELLE.

Quoi, monsieur, mon père ignore donc où je suis? Oh! Dieu, n'étais-je pas assez malheureuse! (*Elle se lève avec vivacité.*) Monsieur! ....conduisez-moi vers lui; rendez-moi à mon père.

EDOUARD, *se jetant à ses genoux sur son passage avec vivacité.*

Isabelle, encore un jour! un seul jour!

ISABELLE.

Non, monsieur, non.

EDOUARD, *dans la même situation.*

Voulez-vous exposer votre vie entière aux funestes effets de l'oppression?

ISABELLE.

Qu'importe mon malheur; il n'est plus de félicité pour Isabelle .....il n'en est plus; mais son cœur ne sera point criminel...

EDOUARD, *il se relève.*

Hé bien, madame, il faut m'exposer à votre haine. Maudissez Edmond; accablez-le de votre vengeance; mon zèle m'a emporté trop loin; vous ne pouvez avant demain être rendue à votre père; tel est l'ordre du roi Edouard.

ISABELLE.

Du Roi?

EDOUARD.

Oui, madame, je l'ai surpris. J'ai abusé de mon crédit; je n'ai pu vous voir opprimée sans éprouver la plus juste indignation. (*Isabelle se rejette dans le fauteuil*) Je me suis rendu coupable, je vous ai offensée, ma témérité est extrême; mais, charmante Isabelle, est-elle excusable? Si le Roi, plus instruit de mon audace, me punissait de l'appui que j'ai surpris, je ne m'en plaindrais pas; il doit toute sa sévérité à sa justice; mais vous, madame, cette ame si sensible pourrait-elle conserver de la haine pour un malheureux qui veut expier, par tous les sacrifices qui sont en son pouvoir, hors celui de son amour, des fautes qu'il n'a commises que pour vous trop aimer? *(Il dénoue son écharpe.)* Voici votre écharpe, madame, elle a fait ma joie un instant, hélas! que cette joie a peu duré; je vois trop que son prix ne dépendait pas d'elle seule. Qu'est-elle pour moi, lorsque vous la maudissez en mes mains? Elle vous a causé, dites-vous, de cruels chagrins! Hé bien, la voici, madame, si votre bonheur est attaché à cette écharpe aussi intimement que le mien, il est juste que vous la repreniez. Je vous la rends avec soumission; puissiez-vous la garder longtemps.

ISABELLE, *avec embarras et attendrissement.*

Ce n'était pas en ce moment, Edmond, qu'il fallait me la rendre.

(Elle reprend doucement l'écharpe.)

EDOUARD.

Il m'eut été bien doux de m'en parer et d'en couvrir mon cœur en présence du rival que je vais combattre.

ISABELLE, *vivement.*

Quoi ce fatal combat aura lieu? Quoi c'est moi qui serais la cause... Ah! chevalier Edmond! ne m'exposez pas à la douloureuse alternative de pleurer toute ma vie sur la mort de l'ami de mon père ou sur la vôtre.

EDOUARD, *avec transport.*

Qu'entends-je? qu'avez-vous dit? quoi, si je succombe dans cette querelle, vous daigneriez pleurer sur moi?

ISABELLE, *avec toute la franchise et l'abandon du sentiment.*

Hé! que mon cœur serait cruel, s'il ne pleurait pas la victime!

EDOUARD, *vivement.*

Ah! je mourrai content. Ah Dieu!

ISABELLE.

Edmond! généreux Edmond! s'il est vrai que la malheureuse Isabelle vous soit chère, empêchez, suspendez ce terrible combat.

EDOUARD.

Madame, il n'est pas possible; l'heure est indiquée: c'est avant le jour; j'ai moi-même provoqué mon rival. Que penseriez-vous d'Edmond?

ISABELLE.

Ah! je vous entends.... Mon malheur est à son comble.

(Elle se jette dans le fauteuil.)

EDOUARD, *tendrement.*

Adieu! chère Isabelle... souvenez-vous d'Edmond.

(Il s'éloigne doucement.)

ISABELLE, *d'un cri involontaire et douloureux.*

Edmond!

DUO.

EDOUARD.

[retourne lentement vers la comtesse pendant la ritournelle]

Si votre cœur généreux
A pardonné mon audacs,
Accordez encore une grace
A l'amant le plus malheureux.
Ah! rendez-moi cette écharpe chérie!
Que je la place sur mon cœur,
Hélas! du moins, en mon malheur
Je n'aurai pas quitté la vie
Sans avoir vu ma douce amie
S'intéresser à ma douleur.

ISABELLE.

Ne pensez plus à cet objet funeste.
Pouvez-vous y songer encor?
Je le maudis, je le déteste.
Partez sans lui; partez....et qu'il me reste
de mort.
Comme un signe de deuil, de malheur et

[elle élève l'écharpe de ses deux mains et la fixe avec douleur]

EDOUARD.

[se met lentement à ses genoux]

Isabelle, ma bien-aimée,
Voyez Edouard à vos genoux.

ISABELLE.

Edmont, de grace! éloignez-vous;
Ménagez mon ame alarmée.

EDOUARD.

Au moment de ne plus vous voir

Que j'obtienne de ce que j'aime....

ISABELLE.

Voyez, Edmond, mon trouble extrême:
Ah! respectez mon désespoir!

EDOUARD.

Ce gage chér dont le pouvoir....

ISABELLE.

Eh! que vous servira d'avoir....

EDOUARD.

Ferait triompher le ciel même.

ISABELLE.

Ce signe du malheur suprême.

[Elle se lève avec désespoir
Edouard se relève.]

ISABELLE.

O fatal ornement!
Malheureuse journée
Où d'un tel présent
Une infortunée
Fit le choix imprudent

[elle retombe dans le fauteuil]

[supliant]

EDOUARD.

Au moment de ne plus vous voir,
Que j'obtienne de ce que j'aime

EDOUARD.

Au moment de ne plus vous voir,
Que j'obtienne de ce que j'aime
Ce gage chér dont le pouvoir
Ferait triompher le ciel même.

[transport]

Précieux ornement!
Quelle heureuse journée

Où d'un tel présent
Une infortunée
Consola son amant.

[dit avec des transports de joye]

ISABELLE.

Voyez, Edmond, mon trouble extrême:
Ah! respectez mon désespoir!
Eh! que vous servira d'avoir
Ce signe du malheur suprême.
O fatal ornement!
Malheureuse journée
Où d'un tel présent
Une infortunée
Fit le choix imprudent!

[ici elle laisse aller l'écharpe entre les mains d'Edouard sans le regarder*]

* c'est dans les répétitions que la musique entraînera par trouver la gradation nécessaire à l'abandon de l'écharpe.

[pendant la ritournelle elle exprime sa douleur, l'embarras de sa situation]

SCÈNE VI.

ISABELLE, ARABELLE.

ARABELLE.

Madame, je viens de parcourir ce palais; son aspect n'annonce rien de sinistre; il me semble qu'on n'y prépare que des fêtes. Nous sommes en liberté, je puis vous parler de l'inconnu.

ISABELLE.

Je viens de le voir.

ARABELLE.

L'inconnu?

ISABELLE.

Oui, ma chère Arabelle, je viens de le voir, de

lui parler, et je n'en suis que plus malheureuse.

ARABELLE.

Ah! que me dites-vous?

ISABELLE.

Que je suis, que je vais être à plaindre! que de tourments se préparent! que je m'abusais lorsque je croyais que le sort ne pouvait rien ajouter à mon infortune! Que sont les peines de l'esprit auprès de celles que je souffre!

ARABELLE.

Qu'est-il donc arrivé? Qu'avez-vous appris?

ISABELLE.

Que veux tu que je te dise? Je n'ose moi-même lire au fond de mon cœur. Malheureux hymen! Déplorable voyage! Hé! que manquait-il à mon bonheur dans l'asile où j'ai vécu si longtemps heureuse? que n'y suis-je encore! inconnue à toute la terre! que j'y goûtais de plaisir! o plaisirs purs de l'innocence, pourquoi vous ai-je perdus? votre seul souvenir m'attendrit! hélas! jamais, jamais plus sans doute vous ne consolerez la malheureuse Isabelle.

SCÈNE VII.

ISABELLE, ARABELLE, CHŒUR *des musiciennes sous le costume des neuf Muses, chanteurs, etc. une jeune bachelette de 15 à 16 ans figurant l'Amour.*

— Danseurs, danseuses dans le costume villageois du tems le plus simple —

FÊTE.

La scène change et représente un salon élégant d'architecture gothique dont le plafond, appuyé sur un entablement, repose sur des colonnes fuselées de marbre blanc isolées et ornées de guirlandes de fleurs au naturel; de pareilles guirlandes sont disposées en festons sous les arceaux en tiers point des autres colonnes, et au fond, des tables, des gaines, des cipes, des niches gothiques sont disposées dans l'ordonnance de l'architecture, et portent des corbeilles remplies de fleurs au naturel ou des vases gothiquement allongés, également fleuris.

Dans le milieu de la scène s'élève un élégant buffet de musique d'ordre gothique, enrichi d'or, d'azur et d'arabesques. Ce buffet est disposé en neuf tribunes ou balcons ascendants des deux côtés de l'un à l'autre jusqu'au neuvième qui est le plus élevé, et dans lequel est un orgue gothiquement décoré qui sert d'amortissement au buffet; sur le pilier de chaque tribune s'élève un vase alongé rempli d'un arbuste léger d'où partent de l'un à l'autre des guirlandes de fleurs qui vont aboutir à la décoration de l'orgue. On monte dans ces tribunes par derrière. Une marche ouvre la scène. Les personnages de la fête font le tour du théâtre et rendent hommage à la comtesse dans l'ordre et le costume suivants.

MARCHE.

L'AMOUR.	Vêtu de blanc et d'une longue tunique à l'ionnienne retroussée sur le genou droit, son carquois renversé sans flèches pend à une écharpe couleur bleu de roi; couronne de myrtes et de roses; point d'ailes; une seule flèche d'or à la main, et qu'il fait remarquer à la comtesse avec douceur; chaussure ionienne; point de manteau.
VILLAGEOIS et VILLAGEOISES.	Corset vert, jupe blanche, chapeau de paille uni, orné d'un bouquet; gilet et culotte, bas blancs, pourpoint volant vert, chapeau de paille de même, guirlandes et bouquets ou corbeilles à la main.
LES GRACES.	Longue tunique à l'ionienne retroussée sur la cuisse gauche, cheveux renoués avec une aiguil. d'or, à la manière des Pallé-niens; ceste d'azur échancré sous la gorge, grouppées avec des guirlandes de fleurs, la tu-

nique blanche, un voile d'azur.

MUSES.

EUTERPE. *Hautbois.* — *Le hautbois à la main, couronnée de marguerites; tunique à l'ionienne, de couleur verte, ceste couleur de feu, chaussée de brodequins.*

ERATO. *Lyre.* — *Lyre sur le bras gauche, couronnée de myrthe et de roses; tunique à l'ionienne, de couleur rose, bordée de vert clair, chaussée de brodequins.*

TERPSICHORE. *Harpe.* — *La harpe entre le corps et le bras gauche; couronnée de bluets et de primevères; tunique de gaze blanche, à la manière de Cos, chaussée de patins grecs, ceste vert.*

URANIE. *Triangle.* — *Le triangle à la main gauche; couronnée d'étoiles d'or; tunique de couleur bleue semée d'étoiles d'or, chaussée du cothurne; ceste d'or.*

CALLIOPE. *Clairon.* — *Le clairon à la main gauche; couronnée de laurier; tunique rayée de blanc et de rouge; chaussée de cothurne; ceste bleu.*

La trompette à une seule branche à la main; couronnée de

CLIO. Trompette.	laurier; tunique blanche bordée de pourpre; chaussée du cothurne; ceste pourpre.
THALIE. Flûte.	La flûte des anciens, pendue en écharpe sur la hanche droite, un masque à la main; couronnée de lierre; tunique rayée de jaune et de vert; chaussée du brodequin; ceste rouge.
MELPOMÈNE. Cistre.	Le cistre à la main gauche; couronnée d'un diadême à raies d'or; tunique de pourpre; toge de pourpre; ceste d'or; un poignard passé dans le ceste; chaussée du cothurne.
POLYMNIE.	Un sceptre d'or à la main; couronnée de perles; tunique blanche; ceste de pourpre: chaussée du cothurne. Elle tient un sceptre; et l'instrument qui lui est réservé dans le concert est l'orgue.

Après que ces personnages ont défilé devant la comtesse, l'Amour va se placer sur un socle élevé sur le théâtre vis à vis du milieu du buffet de musique; chacune des muses se place dans un des balcons du buffet; Polymnie dans le supérieur, en face d'une table qui figure le clavier de l'orgue. Placées derrière elle, les graces environnent l'Amour; les villageois, villageoises, choristes, etc. sur les ailes du théâtre. A la marche succède un concert d'harmonie qui est supposé être exécuté par les Muses, et avec les instrumens qu'elles tiennent. A ce concert, qui est comme le prélude du chant, succède l'air suivant: x

x Chœur élégiaque
L'amour coryphée

Dans le boccage, à la saison nouvelle
où le plaisir préparait un beau jour,
Elle gémit, la douce tourterelle,
Sur son ami que pleurait l'amour
Console-toi, plaintive colombelle,
Voici l'ami qui vient à tire d'aile.
Tendres amants ! C'est l'ouvrage d'amour
de protéger un cœur fidèle !

Chœur

Dans le boccage, à la saison nouvelle
etc.

Pendant le chœur on danse (2)
(2) demi-caractère

Ariette (x)

Polymnie

POLYMNIE.

MARCHE.

ARIETTE DE BRAVOURE.

ODE.

x. Fils de Vénus! ame du monde!
Objet des plus constans désirs!
De la jeunesse et des plaisirs
Divinité! source féconde!
Amour! Amour! presse l'instant
De ta victoire la plus belle.
La Vertu te prépare un triomphe éclatant,
La Beauté te sourit, l'innocence t'attend,
Le sentiment t'appelle.

Viens essuyer de ton bandeau
Les larmes que tu fais répandre,
Tu soumets le cœur le plus tendre,
Choisis le myrthe le plus beau.

Fils de Vénus! ame du monde! etc.

Ode. x

Reprise du chœur et de la danse, avec prélude d'harmonie

Ballade anglaise

Pendant le refrain de la ballade, répété par le chœur, on exécute une danse naïve et champêtre au son du concert harmonique; le motif de la ballade est chanté dans les repas, et récité par les villageois; le refrain est répété deux fois au premier et au dernier couplet, une fois par le choriphée et l'autre fois par le chœur.

~~CHŒUR ÉLÉGIAQUE,~~

DANSE.

L'amour choriphée

Où courez-vous, beau chevalier,
que l'on prépare votre armure!
la lance, le noir baudrier,
où sont léopards en devise?

Refrain Ô! n'affligez mon cœur navré,
Ma tant belle et tant noble dame,
Car c'est l'honneur qui me réclame,
Ne pleurez pas, je reviendrai.

Chœur

Ô! n'affligez mon cœur navré! } on danse

2.

L'amour Choriphée

Voilà qu'on vous apporte encor
Vos deux brassards en ciselures,
de fin velours et de clous d'or,
bien atournés dans les jointures.

Chœur

Ô! n'affligez mon cœur navré,
Ma tant belle et tant noble dame,
Car c'est l'honneur qui me réclame,
Ne pleurez pas, je reviendrai. } on danse

L'amour Choriphée

Ô! voici venir gantelets
Éperons d'or à grand molette,
Casque luisant à noir bourlet,
à blanche plume et fine aigrette.

Chœur

Ô! n'affligez mon cœur navré!
Ma tant belle et tant douce dame!
Car c'est l'honneur qui me réclame,
Ne pleurez pas, je reviendrai. } On danse

L'amour choriphée

Ô! dites, qui vous attendrit?
Votre paupière est inondée
de pleurs, qui tombent à petit,
dessus votre écharpe brodée!
Ô! n'affligez mon cœur navré!!
Ma tant belle et tant noble dame!
Car c'est l'honneur qui me réclame
Ne pleurez pas, je reviendrai

Chœur

Ô! n'affligez mon cœur navré).

L'AMOUR Coryphée.

Dans le bocage, à la saison nouvelle,
Où le Plaisir préparait un beau jour,
Elle gémit, la douce tourterelle,
Sur son ami que poursuit le vautour.
Console-toi, plaintive colombelle;
Voici l'ami qui vient à tire-d'aile.
Tendres amans, c'est l'ouvrage d'Amour
De protéger un cœur fidèle.

CHŒUR.

Dans le bocage, à la saison nouvelle, etc.

(Pendant le chœur on danse.)

Tout-à-coup la fête est interrompue par un bruit tumultueux que l'on entend dans les vestibules du palais et par la ritournelle effrayante de la finale; tous les personnages sont épouvantés; les musiciennes qui figurent les Muses abandonnent leurs instrumens et leurs tribunes; la Comtesse, Arabelle se lèvent alarmées; l'Amour, les Graces se cachent; les villageois, les villageoises se rangent en pelotons vers l'aile du théâtre opposée au côté d'où vient le bruit, et comme prêts à prendre la fuite.

SCÈNE VIII.

ISABELLE, ARABELLE, SALISBURY, *Pages, Valets, Villageois, Villageoises, suite de Salisbury.* × varlets ×etc.

La plupart de ces personnages ne sont pas d'abord présents. Ils ne paraissent qu'avec Salisbury.

FINALE.

SALISBURY, *dans les vestibules, aux pages,* ×~~etc.~~ ×et varlets du palais

Vous faites en vain résistance:
Oui, j'entrerai dans ce palais.
Pages, fuyez; fuyez, varlets;
Fuyez, redoutez ma vengeance.

SALISBURY, *dans les vestibules.*

Vous faites en vain résistance: etc.

CHŒUR *lointain de Pages et de varlets,* ~~etc.~~ et suite

Nous faisons en vain résistance,
Bientôt il force le palais:
Pages, fuyons; fuyons, varlets;
Fuyons, ou craignons sa vengeance.

CHŒUR *présent de villageois et de villageoises.*

Ecoutons; on fait résistance;
O Ciel! on force le palais:
On met en fuite les varlets;
Entendez-vous crier vengeance?

ISABELLE.

Ciel! juste ciel! qu'est-ce donc que j'entends?

C'est la voix de mon père.

ARABELLE.

C'est lui-même. De sa colère
Entendez-vous les transports éclatans?

SALISBURY, dans les vestibules.

Vous faites en vain résistance, &c.

CHŒUR présent de villageois et de villageoises.

Ecoutons, on fait résistance, &c.

CHOEUR lointain de pages, varlets et suite.

Nous faisons en vain resistance, &c.

SALISBURY.

Vous la cachez en vain; oui, ma fille est ici.
Je la verrai; je reprendrai ma fille.
Qui m'osera résister....? La voici.
Es-tu l'honneur de ma famille?
Es-tu l'opprobre de mon sang?
Dans le sein du cruel qui de mes bras t'enlève
Me faut-il enfoncer ce glaive?
Faut-il le plonger dans ton flanc?
Parle, réponds?

ISABELLE.

O mon père!
Terminez ma peine et mes jours.

SALISBURY.

Comment! Alfred, ce téméraire,
Est donc l'objet de tes lâches amours?

Dans ses foyers il l'appelle,
Et sans pudeur....

ISABELLE. [Vivement]

Que dites-vous? Non, non,
Alfred n'aime point Isabelle;
Et de son cœur, à la vertu fidèle,
Votre fille jamais, jamais ne lui fit don.

SCÈNE IX.

Les précédens, STRAFFORT et suite. [sa]

SALISBURY. [voyant arriver Straffort court se jeter dans ses bras]

O mon ami....!

ISABELLE. [à l'aspect de Straffort qu'elle imagine voir revenir vainqueur du combat, tombe dans les bras d'Isabelle qui la conduit sur un fauteuil]

Straffort...! Dieu! je meurs...!

STRAFFORT.

Ah! cruelle!

Adieu, cher comte, adieu. Plaignez mon sort. [à Salisbury]
On m'attend à Windsor;
L'heure approche et j'y vole.

ISABELLE. [avec transport mêlé de joye et d'allarmes]

Que dites-vous..? Ciel..! arrêtez, Straffort!

SALISBURY. [avec indignation]

Qu'un lâche ravisseur le combatte et l'immole!

STRAFFORT.

Qu'importe à qui? j'ai donné ma parole.

ISABELLE.

Arrêtez, arrêtez, Strafford!

× [à Strafford]

SALISBURY.*

Tiens, la voilà, cette Isabelle;
Non, non, jamais, son cœur, dit-elle,
N'a terni l'éclat de mon nom.

ISABELLE.

Que dites-vous? Non, non,
Alfred n'aime point Isabelle;
Et de son cœur, à la vertu fidèle,
Votre fille jamais, jamais ne lui fit don.

× à demi-voix

STRAFFORT.*

Comment! Alfred dans ce mystère
N'est point l'objet de ses amours!
Je trouverai ce téméraire,
Ce vil amant qui tremble pour ses jours.

SALISBURY.

Comment! Alfred dans ce mystère
N'est point l'objet de ses amours!
Quel est donc l'amant téméraire
Qui fait le malheur de mes jours?

l'un à l'autre

ISABELLE.

Mais, hélas! par pitié, mon père,
Terminez ma peine et mes jours! *

Frappez, que votre fille chérie
N'entende plus parler d'amours.

ARABELLE.

O mon cher maître! ô tendre père!

Ah! prenez pitié de ses jours!
Que sa douleur me désespère!
Triste hymen! funestes amours!

CHŒUR.

O Ciel! à cette fille chère
Accorde de plus heureux jours!
Regarde d'un œil tutélaire
Et ses vertus et ses amours!

* Frappez, que votre fille chère
N'entende plus parler d'amours.

SALISBURY.

Nomme-moi, fille insensée!
L'insolent qui, dans ces lieux,
Détruisant la gloire passée,
T'entraîna loin de mes yeux.
Tu te tais...? tu rougis...? O Dieux!

(Isabelle est entendu dite désolée, et lève ses yeux et ses mains vers le ciel)

Nomme-moi fille insensée
L'insolent qui dans ces lieux
Détruisant ta gloire passée,
T'entraîna loin de mes yeux

[même situation plus marquée]

Tu te tais, tu rougis, ô dieux

SALISBURY ~~et~~ STRAFFORT.

C'en est fait, ma main courroucée...
Qu'il tremble, l'audacieux!

SALISBURY.

Air de véhémence

De ce mystère inique
Je percerai l'obscurité;
Aux pieds du roi, mon honneur irrité
Va porter à l'instant ma douleur énergique:
Il verra ton père à genoux,

J'implorerai sa justice;
Et de l'objet de mon courroux
supplice.
Ma gloire et ma fureur obtiendront le

Suis-moi perfide! et revois les foyers
Que ta présence déshonore.

x(avec la plus extrême douleur)

ISABELLE.x

De ma vie, ô Ciel que j'implore,
Que ces instans soient les derniers!

STRAFFORT.

Comment! Alfred dans ce mystère, &c.

SALISBURY.

Comment! Alfred dans ce mystère, &c.

ISABELLE.

Mais, hélas! par pitié, mon père, &c.

ARABELLE.

O mon cher maître! ô! tendre père!
x ô ciel! à cette fille chère

x O Ciel! à ~~cette fille chère~~, &c.
x Chœur

Salisbury v. p. ...

Straffort sort d'un côté avec sa suite, avec des transports de fureur contre celui qu'il va combattre.

Salisbury furieux fait conduire la comtesse désolée devant lui, et sort après elle, suivi de ses gens.

Rideau

Fin du second acte.

ACTE TROISIÈME.

Le théâtre représente une salle gothique de la tour du palais de Salisbury, qui est un lieu de sûreté et non une prison. La décoration est noble et riche; le fond est rempli par deux fenêtres telles qu'on en voit dans les anciens châteaux, pratiquées au fond de l'épaisseur des murs dont les profils sont garnis de banquettes; les vitraux sont coloriés et blasonnés; dans le reste de la salle sont d'anciens tableaux de famille, des armures complètes &c. Le jour qui entre par les vitraux transparents sans trace de grilles indique que le manoir actuel d'Isabelle n'est point un lieu de détention tyrannique; des fauteuils, des tapis de table trainans et frangés suivant les mœurs de ce temps.

SCÈNE I.

ISABELLE, *seule.*

RÉCITATIF.

Qui viendra, par pitié, dissiper mes alarmes?
Deux rivaux au combat me remplissent d'effroi.

O Ciel! de qui vas-tu favoriser les armes?
malgré moi.
Ah! les vœux de mon cœur s'échappent
Protéger, ô Destins! une tête si chère....!
Malheureuse Isabelle! où vas-tu t'égarer?
de ton père;
Tes vœux, ton cœur, ta main, dépendent
Il ne te reste qu'à pleurer.

AIR.

(*) VIRE-LAIS
Air de doléance énergique

Don fatal de la nature!
Cœur sensible! mon tourment!
S'il est dans le sentiment
Une félicité pure,
Don fatal de la nature!
Cœur sensible! mon tourment!
Du plus doux épanchement
D'où vient que l'honneur murmure?

O grand Dieu....! le besoin d'aimer
Dévore mon ame et l'oppresse.
Douce union! aimable ivresse!
Sans vous rien ne peut me charmer;
Et tout conspire à m'alarmer,
Au premier cri de ma tendresse;
Et c'est un crime, une faiblesse
De choisir ce qu'on doit aimer!

Don fatal de la nature, &c.

(*) Le lai est un poëme propre à la langue française. il est employé par nos anciens poëtes à exprimer une doléance; les italiens l'ont imité sous le nom de lamento qui est la traduction du mot lai; tel est donc le caractère de ce poëme. le VIRE-LAI est un composé qui signifie seules rimes; car les lais étaient sur une seule rime ou pour ainsi dire sur une suite de terminaisons de vers consonantes.

SCÈNE II.

ISABELLE, ARABELLE.

ISABELLE.

Hé bien, viens-tu m'annoncer quelque nouveau malheur? Parle-moi sans déguisement, que dit-on? que fait-on? que me veut-on? qu'est tout ceci?

ARABELLE.

Apprenez, madame, un événement que je ne sais comment interpréter. J'en tiens la nouvelle de Godfred qui en a été témoin. Le comte de Straffort allait avec précipitation rejoindre l'inconnu; à peine il sortait de la ville que le duc d'Alfred s'est présenté armé devant lui; » c'est moi, lui a dit Alfred, c'est moi qu'il qu'il faut combattre, et non celui que vous ne connaissez pas » » Je vous combattrai tous les deux» a repris le comte, en poussant son cheval contre le duc. A la première lance, Straffort a été désarçonné. Alfred met soudain pied à terre et présente un signe de paix à son ennemi en lui disant: comte, écoutez-moi ;j'ai à vous parler; après quoi, nous combattrons de pied ferme si vous l'exigez. Straffort, bouillant, irrité, désespéré du premier échec, le suivait avec peine à l'écart où le duc l'entrainait; celui-ci parle un moment tout bas au comte, et ajoute en se retirant: » comte, rentrez chez vous; soyez content; n'allez pas à

Windsor, vous m'y trouveriez. » Le comte, comme accablé tout à coup par ces paroles, est rentré chez lui, morne et pensif; s'est renfermé sans proférer une seule parole, et l'ordre est donné à sa porte de ne laisser entrer personne.

ISABELLE, *qui a écouté ce récit avec une joie progressive et impatiente, embrasse Arabelle avec transport, et s'exprime avec la plus grande force.*

Que le destin te soit propice à jamais, mon Arabelle pour l'heureuse nouvelle que tu m'apportes! grace au ciel, mes plus grandes peines sont effacées! les rivaux sont séparés ils vivront la mort est loin! Isabelle ne peut que souffrir seule! O Alfred! Alfred! soyez béni! que vous êtes un ami véritable!

ARABELLE.

O mon adorable maîtresse! les peines d'autrui vous sont plus insupportables que les vôtres mêmes.

ISABELLE.

Hé! quelles peines sont plus les miennes que.... (*Elle s'arrête tout à coup, et modérant son transport indiscret par une exclamation, continue avec une douceur sentimentale.)* Ah!... nous jugeons souvent de la douleur des autres sans savoir ce qui se passe dans leur cœur... mais, dis-moi, que fait mon père?

ARABELLE.

Il est allé, madame, plus furieux que jamais, implorer la justice du Roi, en même tems que le comte de Strafford allait combattre.

ISABELLE, *avec crainte.*

Ne dit-on pas....quel est le nom de l'inconnu?

ARABELLE.

Jusqu'ici tout le monde l'ignore; mais le duc d'Alfred s'est fait assez connaître. C'est chez lui qu'on vous avait cachée; le concierge de la tour a confessé à votre père qu'il avait été gagné par les libéralités et les instances du Duc. Ne doutez pas, madame, que le Roi ne contraigne Alfred à découvrir toutes les particularités de cette aventure. Le Roi est juste, votre père inexorable, et je crains bien qu'il ne survienne de plus tristes revers.

ISABELLE.

Cruelle, ne me déchire pas le cœur.

ARABELLE.

On vient, calmez-vous, madame; armez-vous de courage. Votre cœur n'a point de reproche à se faire.

ISABELLE.

Hé! que sais-je, hélas!....

SCÈNE III.

ISABELLE, ARABELLE, SALISBURY, Lord LINDSEY, *Gardes du Roi.*

SALISBURY, *au lord Lindsey, qui, sur l'invitation de Salisbury, fait entrer les gardes qui ne paraissent pas d'abord.*

Milord, puisque le Roi vous ordonne de m'accompagner, quoique je n'aie rien à dire et à faire que ma vengeance n'autorise, vous pouvez faire entrer vos gardes. (*Il s'avance vers sa fille qui est assise.*) C'est en vain, fille indigne de moi, que tu voulais me cacher le nom du traître qui te couvre de honte; je le connais. Le Roi, qui a sans doute tout appris du perfide Alfred, vient de faire éclater sa bonté et sa justice. Il m'a d'abord reçu en père sensible qui console un père mortellement affligé. Il se retire pour un instant; je l'attends, il revient à moi; » Je connais le coupable, m'a-t-il dit, je suis instruit de ses torts, de sa témérité, de son audace; j'abandonne le ravisseur à votre vengeance; c'est le chevalier Edmond.

ISABELLE, *élevant les mains au ciel.*

Edmond!... Dieu! ....

SALISBURY.

Que m'importent tes larmes et ta douleur! Je serai vengé. Ce lâche, tandis qu'il prépare mon deshonneur, fait courir le bruit qu'il est à la cour de France. Il payera cher son artifice et ses complots.

(*Il tire un papier de sa ceinture, et le montre avec une joie sombre.*)

ISABELLE, *avec effroi.*

D'Edmond?

SALISBURY.

Oui, d'Edmond, oui, son arrêt de mort.

ISABELLE, *d'une manière déchirante, en se laissant tomber à demi-corps sur la table.*

Oh! oh! malheureuse que je suis!

SALISBURY.

Edouard vient d'accorder la mort du traître à mes prières; il en a signé l'arrêt de sa main. Mais soit bonté pour moi, soit pitié pour ma tendresse paternelle, soit faveur pour toi, il a daigné penser que ma fille n'était pas complice de la perfidie d'Edmond. » Isabelle est innocente, m'a-t-il dit: je ne puis penser autrement. Pour vous en convaincre, tandis que je vais m'assurer de la personne d'Edmond, portez à votre fille l'arrêt que je prononce et que je signe, il ne pourra être exécuté qu'après l'avoir signé elle-même.» Le voici; prouve ton innocence.

DUO.

ISABELLE. x

x (d'un air accablé, [illegible] d'une tranquillité apparente)

Moi! que d'Edmond je signe le trépas?

SALISBURY.

Signe à l'instant, prouve ton innocence.

ISABELLE. x

x (avec la vivacité et la force de l'indignation se lève d'un trait et dit)

Non, non, jamais, n'espérez pas
Que j'obéisse à la vengeance.

SALISBURY.

Ciel! quelle est donc cette démence?
Fuis, perfide, loin de mes bras.

ISABELLE.

Moi! que d'Edmond je signe le trépas?

SALISBURY.

Signe à l'instant, prouve ton innocence.

ISABELLE.

Non, non, jamais, n'espérez pas
Que j'obéisse à la vengeance.

SALISBURY.

Ciel! quelle est donc cette démence?
Fuis, perfide, loin de mes bras.

ISABELLE. × [d'une noble colère]

Quelle image effrayante!
Quel projet inhumain!
Qu'une fille tremblante,
D'une cruelle main,
Brûlante de colère,
Sans effroi, sans remords,
Sous les yeux de son père,
Signe un arrêt de mort....!
Non, non, jamais, n'espérez pas
Que j'obéisse à la vengeance.

ISABELLE.

Non, non, jamais, n'espérez pas
Que j'obéisse à la vengeance.
Moi! que d'Edmond je signe le trépas?
Non, non, jamais, n'espérez pas
Que j'obéisse à la vengeance.

SALISBURY.

Ciel! quelle est donc cette démence?
Fuis, perfide! loin de mes bras.
Signe à l'instant, prouve ton innocence,
Ou persiste dans ta démence,
Et fuis, dis-je, loin de mes bras.

SALISBURY. × [avec force]

Ma fille, sans murmure,
Ma fille a pu souffrir
La plus sanglante injure.
Et n'ose la punir?
Ici l'honneur demande
L'éclat, le sang, la mort;
Et quand l'honneur commande,
Il n'est point de remords.

ISABELLE.

Non, non, jamais, n'espérez pas, &c.

SALISBURY.

Ciel! quelle est donc cette démence, &c.

SALISBURY.

Je vois enfin d'où partent tes refus.

ISABELLE.

Prenez pitié de ma douleur amère.
Voyez mes pleurs, et montrez-vous mon père.

SALISBURY. × [furieux]

Ton père! moi? non, je ne le suis plus,
Je vois, je vois d'où viennent tes refus.
Edmond...! Edmond t'est cher.

ISABELLE.×

Voyez votre Isabelle!

SALISBURY.×

Tu l'aimes, je le vois.

ISABELLE.×

Et sa peine mortelle!

SALISBURY.×

Parle, perfide! l'aimes-tu?
Si je pouvais le croire....!

ISABELLE.×

O mon père!

SALISBURY.×

L'aimes-tu?

ISABELLE.×

Grace! mon père.

SALISBURY.×

L'aimes-tu?

ISABELLE.×

Grace! pitié!

SALISBURY.×

Non, jamais. L'aimes-tu?

ISABELLE.×

Frappez; je l'aime et j'en fais gloire:
Il m'est cher comme la vertu.

SALISBURY.

O vengeance! ô fureur....!

ISABELLE.×

Ma force m'abandonne.

× [tendant ses mains à son père]
× [furieux]
× [de même]
× [plus furieux]
× [plus suppliante]
× [encore plus furieux]
× [encore plus]
× [de même]
× [se laissant aller à genoux et tendant les mains]
× [dans le dernier degré de la fureur]
× [au désespoir ouvrant son sein]
× [elle se meurt] Arabelle la relève et la porte sur un fauteuil

SALISBURY.

Lève-toi; je l'ordonne!
Hé! que m'importent les regrets!
Je veux le trépas du coupable.
Ce criminel amour, ces odieux secrets
Seront punis: je suis inexorable.

ISABELLE.

Hé bien! ordonnez les apprêts
De mon supplice. ..Mais....

SALISBURY.

Signe l'arrêt de son trépas,
Ou je punis ta résistance.

ISABELLE.

Non, non, jamais, n'espérez pas
Que j'obéisse à la vengeance.

Lord LINDSEY, *s'interposant.*

C'est assez. (*Surprise de Salisbury.*) Je l'ordonne. Comte de Salisbury, calmez-vous. Après l'aveu de votre fille, j'ai ordre de Sa Majesté de vous conduire devant Elle.

SALISBURY.

Moi, milord?

LINDSEY.

Oui, comte, je suis même chargé de vous assurer d'avance que vous serez satisfait, au delà même de vos désirs.

SALISBURY.

J'en accepte la promesse. Tremble, fille ingrate, et crains mon retour.

(Il sort avec Lindsey et les gardes. Arabelle les suit avec mystère, comme pour faire entendre qu'elle voudrait découvrir quelque chose par leur conversation.)

SCÈNE IV.

ISABELLE, seule, pendant la ritournelle se lève égarée, donne tous les signes du désespoir qui l'agite.

DITHYRAMBE. (*)

Hé bien! si d'une mort barbare,
Edmond, tu dois subir l'arrêt....
Ah! ne crois pas qu'il nous sépare;
Je te suivrai, mon cœur est prêt.

Qui? lui, mourir..? exécrable hyménée..!
Le voilà...! cher Edmond...! le voilà...!
forcenée...!
O mon père..! arrêtez...! Dieu..! sa main
Malheureuse...! qu'ai-je dit là...!
Ah! je m'égare.. O mon père! pardonne...
Ah! par pitié! pardonne-nous!
Non, non...tremblante à ses genoux...
Il l'a juré.. Dieu! sa mort.. je frissonne...
O désespoir ..! tyrans jaloux! *

* Hé bien! si d'une mort barbare, &c.

(*) Le dithyrambe poème d'abord en l'honneur de Bacchus seulement. Mais comme il était employé à peindre le délire de l'ivresse, on s'en servit aussi à exprimer la fureur et le désordre des autres passions violentes, telles que la colère, les transports poétiques, la rage martiale du combattant, mais surtout il sert à rendre au naturel la passion de l'amour, dans ses fureurs, ses écarts, ses contraintes, ses aliénations et son délire impossible d'être contenu dans une suite naturelle de pensées; il y a cependant un art caché dans un dithyrambe bien fait, à ménager dans les transitions brusques une série d'idées qui se trouve partout où il n'y a point la folie réelle.

* Elle est dans le plus grand accablement du désespoir, qui pendant la ritournelle fait place à des pleurs abondants, qu'elle reçoit entre ses mains dont elle couvre son visage; après toutes ces agitations elle se relève, semble plus calme, réfléchit, et comme prenant un parti décidé répète *

SCÈNE V.

ISABELLE, SALISBURY.

SALISBURY *arrive avec la plus grande joie.*

Ma fille ma fille, embrasse-moi, oublions tout, mes projets, mes menaces, ma colère, votre douleur, vos alarmes. Le ciel est juste, il accorde à mon Isabelle le seul prix qui soit digne de son cœur; le comble de la fortune et de la gloire; un trône enfin, et je mourrai content d'y voir monter ma fille.

ISABELLE, *toujours assise jusqu'à la fin, qui n'a vu arriver son père qu'avec la plus grande frayeur, passe de ce sentiment à la plus grande surprise.*

Que dites-vous, mon père?

SALISBURY.

Ah, que je vive encore un jour! Le Roi, touché de votre beauté, partage avec vous sa couronne; il vous choisit pour épouse; il m'a demandé votre main. Jugez avec quel transport j'ai accepté au nom d'Isabelle un honneur aussi éclatant qu'inespéré.

SCÈNE VI.

EDOUARD, LINDSEY, SALISBURY, ISABELLE.

Edouard est à portée d'entendre dans le fond du théâtre sans être vu par Salisbury ni par Isabelle. Le Roi vêtu comme ci-devant, mais il tient son écharpe à la main et sous son manteau.

ISABELLE, *continuant.*

Moi, mon père, l'épouse d'Edouard? Ah! je n'aspire pas à tant de gloire.

SALISBURY.

Aspire-s-y, ma fille, rien n'est plus certain.

ISABELLE.

Non, mon père, non; laissez-moi refuser un rang trop au dessus de moi pour que je ne craigne pas d'en descendre.

SALISBURY.

Que dites-vous, ma fille?

ISABELLE.

O mon père, ne me pressez pas davantage; je ne puis y consentir, et si mon bonheur vous est cher...

SALISBURY.

Pensez-vous à ce que vous dites?

ISABELLE.

Oui, mon père, dussiez-vous m'accabler des plus cruels reproches, mon cœur ne peut obéir à la fortune.

SALISBURY.

Votre cœur ne peut obéir à la fortune! quel langage inouï me parlez-vous, Isabelle? qu'importe ici votre cœur?

ISABELLE.

O Dieu, que m'importe! hé que me servira de

régner si l'épouse la plus obscure est cent fois plus heureuse que moi?

SALISBURY.

Plus heureuse?

ISABELLE.

Elle aime...

SALISBURY.

Isabelle, dans quel égarement votre esprit s'est-il jetté...quel soupçon!...quoi l'aveu que vous avez osé me faire de votre folie...quoi, ce vil objet?

ISABELLE, *avec une modeste indignation.*

Edmond! vil!

Le Roi, dont l'attendrissement s'est accru, descend de manière qu'il puisse être aperçu après que Salisbury aura parlé.

SALISBURY, *les premiers mots d'une voix menaçante.*

Dieu! renfermez à jamais ce nom dans le plus profond de votre cœur, ou craignez que je ne perde le respect que m'impose le titre augus- qui vous attend; mais je vais de ce pas (*Il voit le Roi.*)

Isabelle, qui, aux menaces de son père, a appuyé sa tête sur la table, est encore dans cette situation.

SALISBURY, *continue.*

Ah, Sire, venez recevoir à vos pieds l'épouse que vous daignez choisir.

EDOUARD *s'approche et dit avec douceur sans être encore vu.*

Charmante Isabelle, un roi vous rapporte l'écharpe d'Edmond. (*Il tient l'écharpe entre ses mains.*)

ISABELLE, *à cette voix reconnait, lève sa tête avec étonnement, se tourne du côté d'Edouard, et marque la plus grande surprise.*

Le Roi! qui.. .vous le Roi?

EDOUARD, *à ses genoux.*

Oui, vertueuse et digne épouse, il vient finir, et autant qu'il est en lui, acquitter vos souffrances.

Isabelle, ivre de joie de tendresse, est un instant immobile, et oppressée qu'elle est par la situation, ne pouvant parler, saisit l'écharpe avec transport, et la passe au col du Roi. Soudain élevant les mains vers le ciel, elle en couvre son visage brillant d'amour et de pudeur.

EDOUARD, *se relevant avec transport.*

Elle n'en sortira jamais .. . (*à Isabelle.*) Me pardonnez-vous vos larmes?

ISABELLE.

Si je vous les pardonne? (*Elle se lève.*) Ah sire, Edouard, soyez le roi, le maitre l'époux d'Isabelle, mais soyez toujours Edmond pour mon cœur.

SCÈNE VII et dernière.

EDOUARD, ISABELLE, SALISBURY, LINSEY, *Lords, Pages, Damoiseaux, Damoisells, Suite,* ARABELLE, *qui vient avec transport baiser la main de sa maitresse.*

EDOUARD.

Comte de Salisbury, revenez de votre surprise; Edmond est le même qu'Edouard.x Vous irez trouver Straffort; dites-lui que s'il perd celle dont il n'a pu toucher le cœur, il trouvera un éclatant appui dans sa souveraine, et un ami dans son roi;x voici cette écharpe qui a causé tant de troubles, mais qui m'a donné une certitude bien difficile à acquérir. Si ma prétendue audace a pu faire naître des soupçons injustes contre la comtesse de Salisbury, que ce signe apprenne à jamais à tous qu'il est imprudent de condamner la vertu sur de simples apparences. Tel a fait de cette écharpe un sujet de raillerie maligne, qui s'estimera glorieux de la porter; moi seul j'ai commis la

[illegible]

x Duc d'Alfred, faites exécuter aujourd'hui même les ordres que je vous ai donnés; que l'Angleterre reconnaisse sa reine; que mon peuple, que mes fidèles sujets se réjouissent; ils en ont bien une juste cause; et qu'en mémoire du plus beau jour de ma vie une nouvelle faveur serve d'aiguillon et de récompense à la fidélité, à la valeur et aux vertus des nobles chevaliers de ma cour. #

faute, moi seul je la répare.

HONNI SOIT QUI MAL Y PENSE.

Le Roi donne la main à Isabelle, ils sortent accompagnés de tous les lords, et cependant la suite, les pages, chantent le chœur.

~~CHŒUR.~~

CHANT DE TRIOMPHE.

CHŒUR

Gloire! honneur! gloire! honneur à la ~~douce~~ Beauté!
Amour! hommage! encens aux vertus d'Isabelle!
Jamais roi ne conquit une épouse si belle;
L'Angleterr jamais plus de félicité.

après le chœur que les choristes chantent en suivant le Roi, mais seulement après un certain espace de temps, le théâtre change ; au moment où les derniers personnages disparaissent, et représente une scène telle qu'elle est décrite en tête de l'intermède qui suit.

Fin du troisième ~~et dernier~~ acte.

[illegible] (écrit au crayon, de la main de Fabre

www.ingramcontent.com/pod-product-compliance
Ingram Content Group UK Ltd.
Pitfield, Milton Keynes, MK11 3LW, UK
UKHW021820190726
13853UKWH00003B/1081